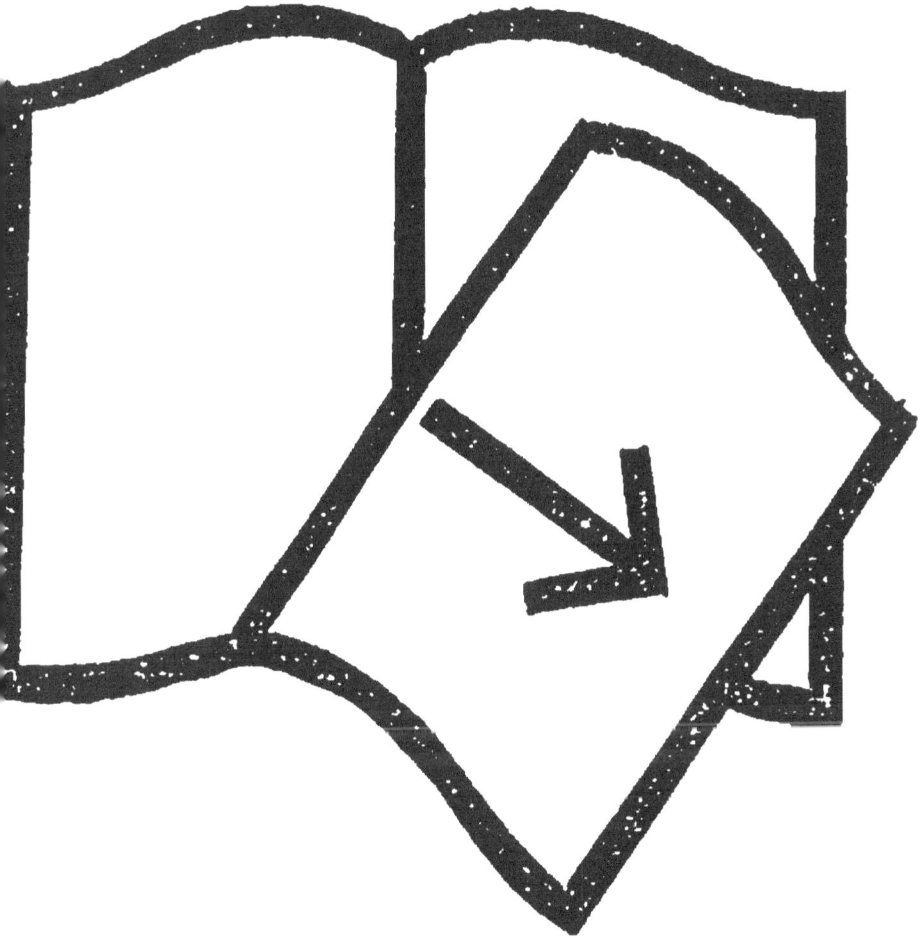

Couverture inférieure manquante

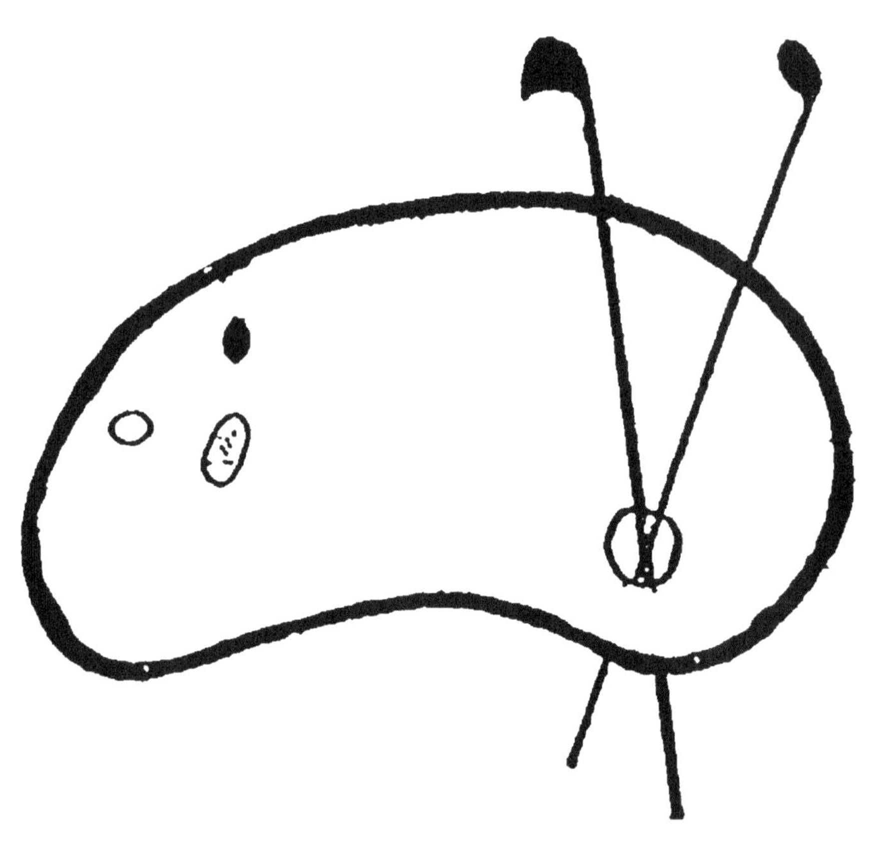

DEBUT D'UNE SERIE DE DOCUMENTS
EN COULEUR

LA
QUESTION OUVRIÈRE

PAR

LE COMTE ALBERT DE MUN

MEMBRE DE LA CHAMBRE DES DÉPUTÉS

DISCOURS

PRONONCÉ DEVANT LA SOCIÉTÉ GÉNÉRALE DES ÉTUDIANTS
DE L'UNIVERSITE DE LOUVAIN
LE 12 FÉVRIER 1885

SECONDE ÉDITION

<table>
<tr><td>LOUVAIN
CHARLES FONTEYN
LIBRAIRE ÉDITEUR
rue de Bruxelles, 6.</td><td>PARIS
JACQUES LECOFFRE
LIBRAIRE ÉDITEUR
rue Bonaparte, 90.</td></tr>
</table>

1885

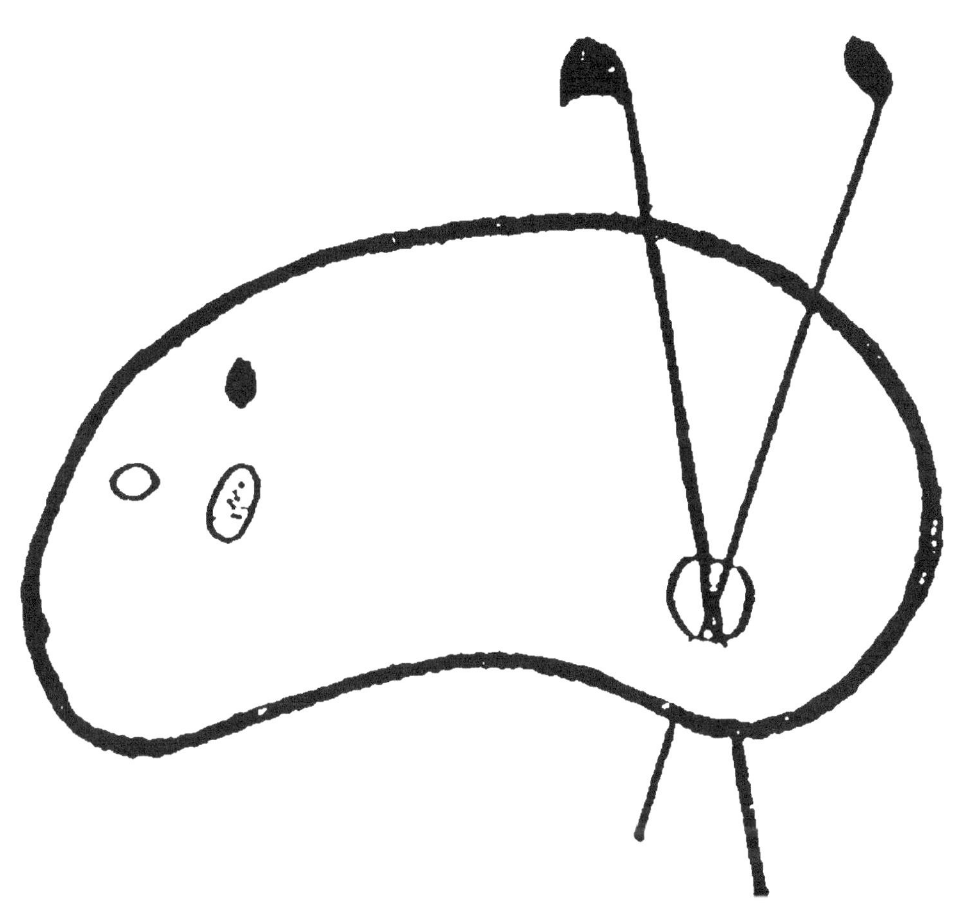

FIN D'UNE SERIE DE DOCUMENTS
EN COULEUR

LA
QUESTION OUVRIERE

LA
QUESTION OUVRIÈRE

PAR

LE COMTE ALBERT DE MUN

MEMBRE DE LA CHAMBRE DES DÉPUTÉS

DISCOURS

PRONONCÉ DEVANT LA SOCIÉTÉ GÉNÉRALE DES ÉTUDIANTS
DE L'UNIVERSITÉ DE LOUVAIN
LE 12 FEVRIER 1885

SECONDE ÉDITION

LOUVAIN	PARIS
CHARLES FONTEYN	JACQUES LECOFFRE
LIBRAIRE ÉDITEUR	LIBRAIRE ÉDITEUR
rue de Bruxelles, 6.	rue Bonaparte, 90

1885

LA

QUESTION OUVRIÈRE

par M le Comte Albert de MUN.

La conférence que M. le comte Albert de Mun a donnée le 12 Février à la *Société Générale des Étudiants de Louvain*, a pris les caractères d'un véritable événement. C'est grâce aux instantes sollicitations de

M. Tibbaut, président de la *Société Générale*, appuyées par M. le duc d'Ursel, beau-frère de M. de Mun, et par le corps académique de l'Université, que le célèbre orateur français a consenti à parler, pour la première fois, dans un autre pays que le sien. Et c'est un honneur pour les Etudiants de l'*Alma Mater* de l'avoir reçu chez eux.

Voici l'aperçu biographique que donne, en quelques mots, le *Journal de Bruxelles* de l'éminent député du Morbihan : « M. le comte de Mun est une des figures les plus en relief et les plus sympathiques de la France catholique. Il appartient à cette race des fils des croisés que Montalembert opposait fièrement, à la Chambre des Pairs, aux fils de Voltaire. Croyant catholique, il a l'orgueil de sa foi et il met à servir et à défendre cette foi la même ardeur chevaleresque qu'il aurait mise il y a neuf siècles à courir sus aux Sarrazins et à batailler

contre eux. Il a traversé la vie de garnison,
il vit au milieu des défaillances et des cor·
ruptions de la société française sans laisser
subir la moindre atteinte à la fraîcheur, à
la vigueur de sa foi native. Né et élevé dans
l'aristocratie, c'est le sort des humbles qui
l'a surtout ému. Il brillait encore dans la
carrière militaire quand il fonda et propa-
gea l'œuvre des Cercles catholiques d'Ouvriers.

C'est pour se consacrer plus librement à
cette œuvre qu'il donna, en 1875, sa démis-
sion, abandonnant ainsi les fonctions d'of-
ficier d'ordonnance du Gouverneur de
Paris et rentra dans la vie civile.

Quelques mois après, les électeurs de
Pontivy l'envoyaient à la Chambre. Mais
le talent du comte de Mun était connu ; les
partis libéraux savaient quel redoutable
adversaire ils trouvaient en lui. Ils invali-
dèrent deux fois son élection, mais il fut

réélu et depuis il n'a guère cessé de siéger à la Chambre. Il s'y est révélé comme un des premiers orateurs du Parlement et ses adversaires eux-mêmes s'inclinent devant ce grand talent. » — Et la même feuille apprécie comme suit l'orateur :

« M. le comte de Mun a près de 44 ans. Stature vigoureuse et figure martiale, bien qu'empreinte de douceur. On pourrait croire que cet ancien capitaine de dragons mène un discours comme une charge de cavalerie, avec impétuosité et passion ! Non. M. de Mun est calme et toujours de sang-froid ; son discours se continue et s'achève sur le diapason qu'il a pris en commençant. L'orateur se méfie des emportements. Parfois on le sent retenir la bride et maîtriser sa fougue. Mais ce qu'on admire surtout chez lui c'est la beauté de la forme, l'amplitude et la cadence des périodes, la splendeur des images, l'élévation de tout son langage que rehausse un geste plein de poésie. »

Dès deux heures, le vaste auditoire du Collège du Pape était envahi : plus de deux mille personnes occupaient l'hémycicle, l'estrade et la galerie. Dans cette assemblée, composée en majeure partie d'étudiants, on remarquait un grand nombre de membres protecteurs et honoraires de la *Société Générale* avec leur famille, tant Louvanistes qu'étrangers à la ville ; en un mot, des représentants de tout le pays catholique. Et aux premiers rangs NN. SS. les Évêques et le corps professoral, MM. le duc et le comte d'Ursel, le comte de Robiano, le chevalier Ruzette, gouverneur de la Flandre Occidentale ; le baron Béthune, le comte de Buisseret, Orban de Xivry, Michaux, sénateurs ; T'Serstevens et Smolders, anciens représentants ; Beeckman, Halflants, Denéeff et Verwilghen, représentants, etc.; MM^{es} la duchesse d'Ursel, sœur de M. de

Mun, la comtesse de Grünne, la comtesse de Steclein, de Liège, etc.

M. de Mun, après avoir déjeuné chez M. le professeur Brants, s'est rendu au Collège du Pape. Il a été reçu dans les appartements de M. le chanoine Jacops, président du Collège, où se trouvaient réunis NN. SS. Goossens, archevêque de Malines, Doutreloux, évêque de Liège, Durousseaux, évêque de Tournai, Pieraerts, recteur magnifique de l'Université, Cartuyvels, vice-recteur, ainsi que le corps professoral et les membres de la Commission de la *Société Générale*.

A 2 1/2 heures, M. de Mun, accompagné de NN. SS. les Évêques et du corps professoral, fait son entrée dans la salle ; une immense acclamation l'accueille. L'orateur monte à la tribune et c'est au milieu du plus religieux silence qu'il commence ce superbe discours que nous sommes heureux de pouvoir publier.

MESSEIGNEURS, MESDAMES, MESSIEURS,

Ma première parole doit être une parole de reconnaissance. C'est mon devoir, et c'est aussi le besoin de mon cœur.

Je vous remercie, Messieurs, de m'avoir appelé parmi vous et de m'y faire un accueil dont je suis profondément touché.

L'hospitalité est chez vous une vertu de tradition et j'ai lu qu'au temps de la splendeur commerciale des communes flamandes les échevins de Bruges disaient fièrement au roi d'Angleterre : « Votre majesté ne peut ignorer que la terre de Flandre est commune à tous les hommes en quelque lieu qu'ils soient nés. » Mais celle que vous m'offrez aujourd'hui a, pour moi, ce charme particulier, qu'étant votre hôte, je ne suis pas cependant un étranger parmi vous. Je ne le sens pas seulement à l'avertissement de mon cœur qu'attachent à votre patrie tant de liens anciens et intimes, formés par le sang et fortifiés par l'amitié, mais aussi à cette secrète émotion qui est, dans les assemblées chré-

tiennes, le mystérieux effet de la fraternité des
âmes et qui les pénètre comme la chaleur de quelque invisible rayon *(Applaudissements)*.C'est l'attrait
principal et le grand profit de ces réunions, et la foi
ne fait jamais mieux comprendre sa puissance, qu'à
ces heures trop rares où elle abaisse toutes les
barrières, pour rapprocher un moment dans une
même pensée les cœurs qui battent pour une
même espérance.

Je vous remercie de m'avoir donné cette joie :
elle est plus complète aujourd'hui qu'en aucune
autre rencontre, car j'aperçois ici non plus seulement l'éclat ordinaire des assemblées catholiques,
mais comme un reflet de la double auréole que
vous portez au front : la jeunesse et la victoire.
(Applaudissements).

Soldat déjà vieilli dans les luttes où vous entrez
vous mêmes, et soutenu dans ces combats où je
n'ai point connu l'ivresse des jours triomphants,
par une invincible confiance en notre cause
immortelle, je viens, au milieu de vous, retremper
mon ardeur et affermir ma foi !

Au delà de cette frontière où depuis si longtemps ils sont aux prises avec l'ennemi commun,

les catholiques de France ont suivi d'un cœur ému les luttes de leurs frères de Belgique et leurs âmes ont tressailli à l'écho du vieux refrain de la Flandre chrétienne répondant aux hypocrites violences de la franc-maçonnerie : Non, tu n'auras pas l'âme de nos enfants. *(Acclamations)*.

Et quand est venu le jour de la victoire achetée par tant d'efforts et tant de sacrifices, conquise par une organisation si puissante et si disciplinée, ils vous ont regardés avec cette jalousie généreuse qui n'est point de l'envie, mais de l'émulation, comme sur un champ de bataille une troupe au fort de l'action salue sans cesser le combat les succès d'un allié plus heureux.

Je m'honore et je me réjouis de pouvoir vous exprimer ces sentiments de sympathie qui sont au cœur de tous les catholiques français, et je regarde comme une faveur particulière de les adresser à cette assemblée de jeunes gens.

Spectateurs, jusqu'ici, des luttes ouvertes au sein de votre patrie, vous y serez demain engagés à votre tour et vous y porterez l'ardeur et l'enthousiasme de votre vingtième année. C'est le privilège de la jeunesse de renouveler toutes les œuvres où elle se répand et c'est l'honneur de la jeunesse chrétienne de donner à ceux qui s'avancent dans la vie la plus grande force qu'ils puissent recevoir après celle de la foi, la force de l'espérance. De là vient qu'un irrésistible attrait porte vers elle tous ceux qui combattent et qui, les yeux tournés vers l'avenir, cherchent d'où leur viendra le secours et le renfort.

Fils de cette vénérable Université de Louvain où les grands souvenirs du passé, rajeûnis au souffle de la liberté chrétienne, se rencontrent avec les brillants travaux du présent; enfants de cette antique *Alma Mater* si longtemps glorieuse et robuste malgré les traverses et les tempêtes, demeurée la dernière debout au milieu des ruines du vieil ordre social et frappée enfin pour sa fidélité à l'Eglise catholique, vous n'êtes pas seulement, Messieurs, l'espoir de ce pays, mais l'une des réserves de l'armée catholique, dans la vieille Europe, et tenus à vous montrer, quoi qu'il arrive, dignes de votre nom et de votre illustre origine. *(Bravos).*

Le sentiment profond des perspectives qu'ouvre devant vous ce titre éminent ne m'a pas quitté, depuis le jour où, appelé par votre bienveillance, je me suis interrogé moi-même, me demandant ce que vous attendiez de moi. Aujourd'hui, je m'interroge encore, debout en face de vous, les yeux fixés sur les vôtres dont le regard m'avertit que déjà nos âmes se sont rencontrées et le même sentiment me presse plus impérieusement. Vous n'attendez pas de moi de vains éloges ni d'inutiles encourage-, ments. Vous mesurez la carrière qui s'offre à votre courage, et, comme des hommes qui ont placé plus haut que la terre le but de leur vie, vous voulez qu'on vous parle des combats qui vous appellent et des devoirs qu'ils vous imposent.

Je vous les dirai comme je les vois, sans ménagement et sans faiblesse, avec la conviction formée par l'examen des temps troublés où nous vivons, que les nations européennes sont sur le chemin de quelque profonde évolution sociale qui sera le dernier terme de la révolte contre Dieu, si ceux qui cherchent en Lui le fondement de toute société ne s'arment pas, pour donner le signal des réformes nécessaires, d'une inébranlable résolution.

En vous parlant de ce devoir particulier, je ne veux ni oublier, ni amoindrir ceux qu'imposent aux catholiques les luttes religieuses engagées de toutes parts, chez vous sur la question fondamentale de l'éducation chrétienne, en Allemagne pour la liberté même de l'Eglise, en Italie pour l'indépendance du Pape, en France hélas ! sur toutes les questions à la fois et avec une violence dans l'agression qui dépasse l'exemple de tous les pays voisins.

La liberté de l'Eglise et l'éducation chrétienne sont au fond de toutes les questions sociales et notre premier devoir est de les défendre sans trêve et sans défaillance. Mais c'est l'occasion de répéter ici les paroles que prononçait récemment, à l'assemblée tenue par les catholiques allemands, à Amberg, le chef illustre du centre parlementaire, M. Windhorst : « A côté de notre grande lutte pour la liberté de l'Eglise éclate la lutte sociale. Elle durera bien au delà de la lutte religieuse, et ce seront les menaces des tempêtes sociales suspendues sur nos têtes, qui mettront fin à la lutte religieuse. » C'est ma conviction. Nous marchons vers un temps où l'explosion des haines sociales, favorisée par la coupable inertie des classes élevées, par l'aveuglement ou la complicité des gouvernements et par le mépris légal de la loi divine, éclatera sur les nations imprévoyantes dans un long et tragique bouleversement. Ce jour-là, la guerre religieuse, si longtemps jetée en pâture aux passions populaires pour essayer de les contenir, ne suffira plus à leur emportement ; c'est à la société elle même qu'elles s'attaqueront, et ceux qui ont applaudi au renversement des barrières élevées par le christianisme, parce qu'en tombant elles laissaient un libre cours à leur ambition du pouvoir ou des richesses, ceux qui les ont vues s'écrouler avec indifférence, parce qu'il eût fallu, pour les soutenir, s'arracher à leur mollesse ou à leur frivolité, les gouvernements qui les ont démolies par intérêt, et ceux qui les ont laissé tomber par faiblesse, tous ceux-là appelleront vainement à leur aide le secours des forces morales qu'ils auront méprisées, de la religion, de l'autorité, de la conscience, du respect des droits et des propriétés. Il sera trop tard ! L'heure de la révolte sociale sonnera par la faute et pour le châtiment de tous !

Est-ce que je dis trop, Messieurs ? Est-ce que je vois le péril trop grave et trop effrayant ? Mais écoutez donc ces terribles menaces qui s'élèvent

de toutes les contrées de l'Europe et qui se tra-
duisent, à certains jours, par des attentats sauvages dont frémit le monde civilisé!

En Allemagne, malgré la main puissante qui
tient le pouvoir, ce terrible complot du Nieder-
wald avoué cyniquement par ses auteurs, et qui
devait atteindre, au sein même de la gloire
germanique, les têtes souveraines, comme pour
confondre le trône et la patrie dans un même
sentiment de haine et de colère; en Autriche, ces
assassinats multipliés, longtemps inexplicables,
commentaires sanglants des manifestes audacieux
placardés dans les villes, pour annoncer la propagande par le fait, et accomplis par des hommes
de vingt et de trente ans, qui s'écrient devant les
juges : « Voici, avant tout, ma profession de foi;
je ne crois pas en Dieu, car je ne puis croire qu'à
ce que je sais » : en Espagne, l'Andalousie remplie
de terreur et de sang par cette société de la Main
noire, qui écrit dans ses statuts que « les riches
sont hors du droit des gens et que, pour les combattre, tous les moyens sont bons et nécessaires,
le fer, le feu et même la calomnie! » l'Italie, agitée
par les appels les plus violents à la révolte et

offrant, comme le dit si bien le courageux député
de l'Alsace-Lorraine au Reichstag allemand,
M. l'abbé Winterer, le triste spectacle de la révolution couronnée, se défendant contre la révolution du pétrole et de la dynamite : la Russie,
livrée à ce mal étrange qui ravage les rangs les
plus élevés de la nation, qui détruit dans l'âme,
dans le cœur et dans l'esprit, toutes les croyances
et toutes les espérances, pour n'y laisser vivant
que l'enthousiasme du néant, et qui engendre, par
je ne sais quel attrait mystérieux, cette conspiration permanente dont les héros sont des déclassés,
ceux que M. de Bismarck a appelés le prolétariat
des bacheliers ou des jeunes filles savantes,
comme Vera Sassoulitch : l'Angleterre, si fortement assise sur ses vieilles institutions, et cependant ébranlée à l'heure où je parle par le bruit
des explosions qui faisaient trembler hier la Tour
de Londres et l'antique palais de Westminster, si-
nistres échos de ces réunions de 1882, dont l'orateur principal s'écriait : « la balle au bourgeois, le
poignard au prêtre, la bombe au roi »: et la France,
Messieurs dont je ne puis parler qu'avec une émotion douloureuse, la France, où l'on glorifie les

jours de la Commune, où la dynamite a pris pour
ainsi dire droit de cité, où les juges sont menacés
sur leurs siéges par les complices des assassins,
où chaque jour les réunions populaires étalent
publiquement leurs programmes de pillage et de
meurtre ! La France, qui vous envoie ici les
bombes de Métayer et de Cyvoct, dont l'explosion
soudaine a fait paraître au milieu de vous, les
liens mystérieux de la révolution cosmopolite.
(*Sensation*).

Voilà le spectacle de l'Europe, depuis deux
années ; et si je voulais passer l'Océan, je trou-
verais en Amérique des exemples bien plus
effrayants encore : laissez-moi seulement vous
lire quelques mots d'un discours récent prononcé
à New-York, dans a meeting de travailleurs, par
l'anarchiste Most, au 'endemain de l'assassinat du
conseiller de police de Francfort, M. Rumpff :

« Cet acte, quoique tardif, est digne de tous nos
éloges, et aura pour résultat d'encourager un
grand nombre de personnes désireuses de prendre
part aux travaux de l'amélioration de la condition
générale de la race humaine. Il prouve que le
poignard et le couteau peuvent rendre encore de

bons services, et ne devraient pas, après tout,
être mis de côté pour la dynamite, qui est plus
moderne. En effet, à moins qu'il n'y ait toute une
masse de personnes à annihiler, je recommanderai
tout particulièrement l'usage du couteau, qui a cet
avantage de ne pas faire de bruit.... Il n'y a pas
de danger que les auteurs de ce brillant exploit,
qui me réjouit jusqu'au fond du cœur, tombent
entre les mains de la justice, et je me fais un
plaisir de vous annoncer que les exécuteurs de
Rumpff sont maintenant en sûreté. (Applaudissements frénétiques). Un grand coup a été frappé, et
avant que le fer refroidisse, il en sera frappé de
plus terribles encore. L'empereur tremble dans
son palais, le banquier dans son hôtel et tous
deux ont raison d'avoir peur. Le temps est venu
pour nous d'inaugurer la Commune de ce côté de
l'Océan. Les réverbères ne manquent pas et la
corde est à bon marché.» *(Nouvelle sensation)*.

Eh bien, Messieurs, je vous le demande, est-ce
qu'il n'y a pas là un sinistre avertissement qui con-
traste d'une manière étrangement tragique avec
l'optimisme des satisfaits et des adorateurs du
progrès moderne? un avertissement qu'il n'est pas

permis aux nations soucieuses de leur avenir, aux gouvernements capables de prévoyance, aux hommes d'Etat vraiment dignes de ce nom, de dédaigner ou de traiter légèrement? N'est-il pas vrai qu'il y a dans les entrailles de la vieille Europe comme un trouble profond, dont ces explosions sont l'effrayante révélation, comme à la veille des grands cataclysmes de la nature, le feu qui dévore les profondeurs de la terre annonce par des éruptions soudaines ses prochains ravages?

Or, quand ces signes précurseurs se font jour, les uns, affolés par la peur s'enfuient sans regarder en arrière, et la misère saisit ceux que le fléau n'atteint pas ; les autres, étourdis par le plaisir, s'endorment dans l'indifférence, et les ruines les ensevelissent pour servir aux âges futurs de témoins et d'exemples : quelques-uns courent au-devant du péril, s'informent de ses causes et s'efforcent d'en prévenir les effets : ceux-là sauvent la ville et la contrée, et la reconnaissance des peuples écrit pour eux dans l'histoire une page ineffaçable.

Je ne vous demande pas, Messieurs, avec qui vous voulez être : chrétiens, vous êtes avec ceux qui ne fuient pas, avec ceux qui ne s'accomodent pas d'une égoïste indolence ; jeunes, vous êtes nécessairement avec ceux qui ne veulent pas périr et que tente la gloire des illustres dévouements. Il faut donc aller droit au péril, et, pour le combattre, savoir d'où il vient. *(Longs applaudissements.)*

Est-ce que ces attentats violents sont seulement l'œuvre de la folie d'un homme ou d'une bande de criminels, et suffit-il d'infliger aux coupables un châtiment capital pour détruire, d'un seul coup, le foyer de cette terrible conspiration? Ce serait, Messieurs, une erreur funeste que de le croire.

Derrière ces criminelles tentatives, il y a une idée, une doctrine, une école politique qui devient, de jour en jour, plus nombreuse, plus audacieuse dans ses affirmations, plus hardie dans sa propagande, et qui, à la faveur d'une organisation économique et sociale où la loi divine est méprisée, s'empare, de plus en plus, de l'attention et de la confiance des masses populaires. Cette doctrine, cette école, elle porte un nom connu de tout le monde : c'est le socialisme. Voilà le péril qu'il faut regarder en face!

Je me hâte de le dire, parce qu'il faut, en toutes

choses, demeurer juste; rien n'autorise à faire peser sur le parti socialiste tout entier la responsabilité directe des crimes qui épouvantent l'Europe. Ceux qui en revendiquent publiquement la solidarité, et qui ne craignent pas d'affirmer, au grand jour, leur sympathie pour les coupables, se sont donné à eux-mêmes un nom sauvage : ils s'appellent les anarchistes, c'est-à-dire des hommes qui veulent tout renverser et ne rien édifier, qui veulent abattre l'autorité partout où elle est debout et se donner, dans ces ruines amoncelées, le spectacle insensé d'une destruction sans lendemain. Le socialisme n'est pas tout entier dans cette aspiration vers la barbarie. Il veut, au contraire, ses chefs le déclarent et la loyauté commande de leur en donner acte, répudier, au moins dans la période actuelle, pour le triomphe de ses idées, l'emploi des moyens violents. Mais, cette justice rendue, il faut ajouter pour être vrai qu'il y a dans le socialisme, s us toutes ses formes, une idée commune : c'est la négation de Dieu et le renversement de l'organisation sociale.

Je n'entreprendrai pas, Messieurs, de faire ici l'exposé complet des diverses incarnations du socialisme : ce serait une tâche qui me mènerait trop loin et qui dépasserait les limites nécessaires de cet entretien. Mon but est autre : en vous dénonçant le péril social, je veux surtout vous montrer qu'il y a aussi un mal social dont ce péril est la conséquence forcée, et vous convier à en chercher le remède.

Que le socialisme se présente à nous sous la forme sentimentale, par l'émouvant tableau des souffrances populaires, ou sous la forme scientifique, par la froide analyse des faits et des doctrines économiques ; qu'enseigné par son grand docteur, par Karl Marx, dans ce livre intitulé *le Capital*, qui est l'évangile du parti, il nous donne la critique saisissante et implacable de l'ordre économique actuel, et que, s'appuyant sur la négation de la propriété privée, il demande pour l'État la propriété collective et l'exploitation du capital, du sol, de la machine ; ou que, propagé avec toutes les séductions de l'éloquence et de l'enthousiasme par le fougueux Ferdinand Lasalle, il dénonce la loi d'airain du salaire et demande pour les ouvriers une organisation collective de production, commanditée par l'État ; qu'il réclame

comme Colins ou Henry George une sorte d'appropriation du sol, au profit de la collectivité ; quels
que soient, enfin, sa forme, son nom et ses inter-
prètes, il aboutit toujours, en fait d'organisation
économique, à cette idée fondamentale qu'un de
ses principaux représentants, un homme qui n'a
été cependant ni un révolutionnaire actif, ni un
agitateur, mais un ministre de l'empire d'Autriche,
le docteur Schaeffle, a résumée en ces termes :

« L'alpha et l'oméga du Socialisme c'est la sup-
pression du capital privé et son remplacement
par un capital collectif unique. »

Voilà l'idée qui se retrouve partout, à propos des
questions industrielles et des questions agraires,
et qui, par la formule du collectivisme, tend de
plus en plus à envahir toutes les écoles socialistes.

C'est elle qui éclate dans les congrès ouvriers
dont la France est remplie et dont, à travers
bien des violences et bien des disputes, le dernier
mot est toujours le même : l'appropriation collective
de tous les instruments du travail, de toutes les
forces de production, poursuivie par tous les
moyens possibles !

S'emparer de tout, par tous les moyens pos-

sibles! voilà le système politique et social; et le
30 décembre 1884, comme pour saluer l'aurore
de l'année qui commence et prédire à la vieille
société les destinées qui l'attendent, la commission
des ouvriers parisiens sans travail apportait au
Conseil municipal de la capitale un ultimatum où,
après avoir signifié les mesures transitoires, exi-
gées des pouvoirs publics, ils terminaient par ces
mots :

« Serrons donc nos rangs! Unissons nos efforts
pour arracher à la classe gouvernante le pouvoir
politique qui doit mettre entre les mains des travailleurs les instruments de leur délivrance et, par
expropriation de la classe capitaliste, permettre
d'établir enfin la société communiste, la répu-
blique du peuple. » *(Sensation profonde).*

Quels étaient les hommes qui tenaient ce langage menaçant? Etaient-ce de ces nihilistes russes,
qui demandent la dissolution de l'ancienne société pour installer, sur ses débris, la commune
souveraine? Etaient-ce des anarchistes sauvages,
des émeutiers de profession? Non, c'étaient les
représentants élus de 65 syndicats d'industries
diverses, apportant froidement le minimum de

leurs revendications. Symptôme plus effrayant que les bombes et les attentats des anarchistes!

Ainsi, voilà le caractère commun de toutes les écoles socialistes. Et il y en a un second; c'est que, partout, dans tous les pays, dans tous les groupes du parti, leur propagande s'appuie sur deux idées, sur deux moyens principaux : la haine entre les classes, suscitée par l'exaspération des souffrances populaires, et l'attaque violente, l'outrage permanent contre toutes les institutions, contre l'autorité sous toutes les formes, conséquence logique de la révolte contre Dieu, que le Socialisme nie avec une audace, jusque là sans exemple.

Parcourez tous les journaux du parti, le *Sozial demokrat*, de Zurich, qui se répand par toute l'Europe, *la Sentinelle*, de Verviers; *le Prolétaire, le Cri du peuple, la Bataille*; lisez les manifestes, les discours tenus dans les congrès, les harangues prononcées aux anniversaires de la guerre sociale; et partout, en dépit des nuances, des querelles et des discussions, vous retrouverez le même langage, le blasphème contre Dieu, la haine contre la société, la glorification des crimes de 1871; en sorte que la négation des fondements éternels et nécessaires de l'ordre social est le dernier mot de tous les systèmes. Ce n'est plus seulement une explosion de colère, ou une folie sanguinaire : c'est une doctrine qui fait son chemin, qui envahit les classes populaires et les classes élevées, et qui s'assied jusque sur le banc des assemblées législatives!

L'Allemagne a vu, l'année dernière, les socialistes, malgré la loi qui les frappait, conquérir 24 sièges au Reichstag, aux applaudissements de leurs amis de toute l'Europe, et leurs représentants affirmer hautement leurs idées et leurs victoires en plein Parlement. La fédération démocratique et sociale d'Angleterre s'écrie déjà que l'Angleterre appartient aux socialistes : aux funérailles de Karl Marx, au cimetière d'Highgate, 5000 manifestants ont publiquement glorifié la Commune de Paris, et vous savez ce que la propagande socialiste a su faire pour déshonorer la grande et illustre cause qui fut celle de Daniel O'Connell. En France, les candidats socialistes de Paris avaient, en 1881, réuni 26000 voix ; aux élections municipales de mai 1884,

ils en ont réuni 39000! La dernière élection séna-
toriale a montré la puissance de leur parti : nous
attendons les élections législatives. C'est un flot
qui monte et que rien n'arrête. Il n'y a que les
aveugles ou ceux qui ferment les yeux qui ne le
voient pas.

Eh! bien, il faut aller au fond des choses.

Ce n'est pas assez de constater le mal; ce n'est
pas assez d'en être effrayé : il faut encore, il faut
surtout, savoir pourquoi et comment il se propage
si rapidement. Voilà la question qui s'impose à
ceux qui veulent essayer de lui barrer la route.

En 1878, au Parlement allemand, à l'occasion
de la loi présentée par le Gouvernement impérial
contre les socialistes, un député catholique,
M. Joerg, disait :

« Un mouvement presque imperceptible à son
début s'est développé soudain. Dans un si court
espace de temps, un véritable vertige s'est em-
paré même des classes sociales qu'on devait croire
à l'abri du mal; il y a dans les esprits une confu-
sion étrange; les notions de la vie et de la société
sont complètement bouleversées. On ne peut se
rendre compte d'un changement si prodigieux

qu'en le considérant comme le pendant des modifications profondes qui se sont introduites sous nos yeux dans les conditions économiques et sociales de la vie. Oui, Messieurs, la civilisation moderne a son ombre. Cette ombre est le socialisme. Et l'ombre ne disparaîtra point aussi longtemps que la civilisation moderne restera ce qu'elle est. »

Voilà la vérité. Il s'est levé sur l'Europe des doctrines nouvelles qui ont corrompu les âmes, faussé les esprit, renversé les institutions et jeté la société dans un trouble social et économique dont les périls qui la menacent sont l'inévitable conséquence.

Pendant une longue suite de siècles, le monde avait vécu sous l'empire de la loi chrétienne qui pénétrait profondément les mœurs, les lois et les institutions. Quand la barbarie triomphante fut maîtresse de cette société encore toute pleine des corruptions du Césarisme vaincu, l'Eglise romaine, délivrée des persécutions et sortie des catacombes, armée de sa puissante unité conquise par tant de combats, et parée de l'éclat de la science et du génie, apparut, pour la sauver de la ruine, comme une patiente et fidèle protectrice. Suivant

la belle parole de M. Thiers dans son grand discours sur la question romaine, elle recueillit l'esprit humain comme un pauvre enfant abandonné
que, dans le sac d'une ville, on trouve expirant
sur le sein de sa mère égorgée; et ce fut pour
le cacher dans ses pieux asiles, défendus par le
prestige de la croix des brutales atteintes de la
violence : elle vit autour d'elle la force toute-
puissante, les esclaves enchaînés, les faibles écra-
sés et, conduite par son instinct maternel, elle prit
parti pour les petits contre les grands, brisant
peu à peu les fers du paganisme, courbant les
fronts pour y verser l'eau du baptême, apaisant
les cœurs par l'exemple du Calvaire, relevant la
femme avilie par l'image de la Vierge-Mère, et
jetant au fondement de la société nouvelle, comme
une base inébranlable, la famille organisée sur
le divin modèle de Nazareth. *(Longues acclama-*
tions).

Au milieu de ce monde troublé, dont les élé-
ments épars s'agitaient pêle mêle et confus, elle
offrit tout à coup aux regards de la foule surprise
et captivée le spectacle merveilleux de l'association monastique, debout au sein de la violence

comme l'image de la paix, en face de la tyrannie
ou de la révolte comme le signe de la liberté des
âmes et de l'obéissance volontaire, à côté de
l'esclavage comme l'exemple du travail honoré,
jetée enfin, suivant le mot de Dom Pitra, au devant
de la société désorganisée, sur tous les sommets
et sur toutes les routes, comme pour dire aux
générations qui passaient : Voyez et faites !

Les mœurs étaient dures, les maîtres impi-
toyables, les princes cruels dans leurs châtiments.
L'église vint se placer entre les opprimés et les
oppresseurs, et les transformant soudain à leurs
propres yeux, fit paraître dans l'enjeu de ces terribles rencontres, au lieu d'un rebelle, d'un es-
clave ou d'un vaincu, l'homme, créature divine,
tout resplendissant de son âme immortelle. *(Acclamations et longs applaudissements)*.

Antioche a brisé les statues de l'empereur : la
vengeance est annoncée, terrible ; les moines
accourent :

« Les statues de l'empereur peuvent être rele
vées, disent-ils : quand vous aurez brisé, dans la
personne de l'homme, l'image de Dieu, qui la
relèvera ? »

La loi sociale du christianisme est toute entière dans cette apostrophe. *(Applaudissements)*.

Le despotisme des Césars avait laissé des traces profondes : la propriété était incertaine et menacée. L'Eglise revendique ses droits, dicte aux princes chrétiens des lois tutélaires et leur fait comprendre que « rien n'est plus digne de la majesté du prince que de conserver à ses sujets ce que le droit leur donne. » *(Longs applaudissements)*.

Le règne de la justice remplace la domination de l'arbitraire.

La misère est grande, les pauvres sont délaissés. La porte des monastères s'ouvre devant eux, pour leur offrir le secours : l'aumône, inspirée par la pénitence et par le souci du salut éternel, apporte aux prêtres et aux religieux, par de pieuses donations, les ressources que réclame la charité.

A mesure que les âges chrétiens s'avanceront davantage, elles se multiplieront au gré des besoins ; les biens ecclésiastiques naîtront de cette sainte et inviolable origine et l'Eglise en imposant à ses prêtres le devoir d'attribuer au soulagement de la misère, un tiers au moins de ses revenus, fera de son patrimoine la source la plus féconde de la bienfaisance organisée : les chevaliers et les puissants du siècle abandonneront, pour témoigner leur piété et recommander leur âme, une portion de leurs richesses aux monastères et le travail agricole s'épanouira autour d'eux, au sein de la paix sociale, pendant que la pauvreté y trouvera le plus efficace et le plus complet des soulagements.

Un jour viendra, enfin, où, du sein de la protestante Angleterre, une voix inattendue rendra hommage à ce passé plein de gloire; et M. Disraeli, écrivant *Sybil*, après avoir décrit les ruines de l'abbaye de Martney, ces bâtiments du monastère où « jamais l'hospitalité, les secours, les conseils n'ont été refusés, » cette *porte des pauvres* par laquelle tous les paysans des terres de l'abbaye pouvaient entrer pour demander les secours nécessaires, M. Disraéli pourra dire : — écoutez, Messieurs, cette parole qui caractérise le mal dont nous souffrons. — « Alors, la nation n'était pas divisée en deux classes : les maîtres et les esclaves; il y avait un *milieu* où un homme pouvait se fixer *entre le luxe et la misère.* » *(Applaudissements).*

Et il ajoutera : « alors le fermier avait un propriétaire immortel et non un maître dur, dont la fortune est hypothéquée.... Nous nous plaignons maintenant des propriétaires absents. Les moines résidaient toujours. Ils dépensaient leurs revenus au milieu de ceux qui les produisaient par leur travail. »

La charité avait complété l'œuvre de la justice.

Mais dans cette grande transformation sociale opérée progressivement par l'Église, il y a un sujet qui l'occupe particulièrement, un ordre de relations des hommes entre eux, qui attire plus qu'aucun autre son action sociale, c'est le travail ! Là, en effet, se rencontre le nœud de toutes les questions sociales, le champ de bataille des intérêts et des passions, le perpétuel conflit des puissants et des forts, la lutte mystérieuse du corps et de l'âme, de l'esprit et de la matière.

Lacordaire l'a dit dans son incomparable langage : « C'est dans la question du travail que toute servitude a sa racine ; c'est la question du travail qui a fait les maîtres et les serviteurs,

les peuples conquérants et les peuples conquis,
les oppresseurs de tout genre et les opprimés de tout nom. Le travail n'étant pas autre
chose que l'activité humaine, tout s'y rapporte
nécessairement; et selon qu'il est bien ou mal
distribué, la société est bien ou mal ordonnée,
heureuse ou malheureuse. »

L'Église intervint donc, au nom de sa mission
divine, dans la question du travail; et relevant
entre ses bras maternels l'humanité frappée par la
condamnation originelle, elle voulut annoblir le
châtiment lui-même en lui ôtant jusqu'à l'appa-
rence de l'esclavage et en rappelant, par des lois
immuables, à l'homme incliné vers la terre par la
fatalité de sa déchéance, l'immortelle destinée qui
l'emporte vers les célestes espérances. *(Longs
applaudissements).*

Dieu lui-même avait marqué dans un nombre
mystérieux, la limite nécessaire des forces de
l'homme : le repos du septième jour fut au berceau des âges la loi sociale par excellence, la
garantie surnaturelle de l'indépendance humaine.
L'Église s'y attacha comme à la pierre angulaire
de l'édifice que son bras devait élever. Ce jour-

là, elle multiplia pour les souffrants et les déshé
rités du monde les merveilles de ses joies, de ses
pompes et de ses harmonies. A ces hommes enchaînés par le souci des intérêts matériels, elle
parla tout un jour des aspirations de l'âme et des
consolations de l'esprit; à ces indigents privés
des splendeurs de la terre, du luxe des palais et
des voluptés de la richesse, elle donna, dans
l'éclat de ses fêtes et la poétique magnificence de
ses cérémonies, comme un avant goût des jouissances surnaturelles, et ainsi le dimanche et les
jours fériés furent le contre-poids providentiel
jeté dans la balance des conditions humaines.
(Longs applaudissements et acclamations prolongées).

L'Eglise fit plus encore : elle ne se borna pas
à défendre le serviteur et l'artisan contre la
tyrannie de la matière et les tentations de la pauvreté. Elle défendit le maître lui-même contre la
tyrannie de la richesse et les tentations de la cu-
pidité. Elle lui montra, dans la fraternité des
enfants de Dieu et dans leur commune origine, le
frein de ses appétits et la limite de sa puissance.
Elle lui apprit à respecter dans l'ouvrier une
créature immortelle, dans la femme la gardienne

du foyer domestique, dans l'enfant le germe sacré des destins de l'humanité et elle dit à la force : Tu n'useras pas jusqu'à l'abus du pouvoir que Dieu t'a donné. *(Applaudissements)*.

Ainsi, par l'organisation de la charité, par le repos du dimanche, par la limitation des heures du travail, par la protection de la femme et de l'enfant, l'Eglise avait répondu aux problèmes qui soulèvent aujourd'hui les ardentes revendications des peuples et qui tourmentent vainement le cerveau des législateurs : enfin, par ses décrets sur l'usure, elle avait prévenu l'abus effrayant des spéculations qui ruinent aujourd'hui les familles et les nations. *(Acclamations)*.

Ce n'est pas cependant encore toute l'œuvre de l'Eglise. En rapprochant les hommes par le sentiment de la fraternité chrétienne, elle les conduisit peu à peu à s'unir et à s'entr'aider pour les œuvres de prière et de charité, pour la protection des pauvres, des vieillards et des infirmes, puis, par le développement naturel de l'esprit d'association, pour tous les besoins, pour tous les intérêts de la vie, et enfin pour la défense commune. Les confréries et les ghildes naquirent de ce mouvement des cœurs : les hommes se groupèrent pour maintenir la paix ou la trève de Dieu, et sur le fondement ainsi posé, s'éleva peu à peu l'édifice social, avec ses corps organisés suivant l'ordre des intérêts communs : le travail, instrument principal des intérêts et des besoins, fut aussi le premier objet de l'association commune, et la corporation, rapprochant les maîtres et les ouvriers, lui donna partout une féconde et pacifique organisation. L'Eglise présidait à ce magnifique épanouissement de l'initiative humaine; les princes en reconnaissaient la légitimité par leur sanction suprême et les peuples y trouvaient le berceau de leur constitution nationale.

Ce n'est pas à vous qu'il faut l'apprendre, Messieurs, à vous, dont les pères sont sortis de ces puissantes communes de Flandre nées de la robuste union des vieux corps de métier, et à deux pas de cette place où j'ai vu tout à l'heure votre histoire écrite sur les murs vénérables de cet hôtel-de-ville couronné par la Vierge Marie et de cette antique collégiale, debout à côté de lui, comme pour le protéger et le couvrir de son ombre. (*Longues acclamations*).

Tel est le plan magnifique dans lequel, pendant
de longs siècles, s'est déroulée l'histoire du
monde, non sans souffrances et sans revers, non
sans abus et sans violences, mais du moins dans
une harmonie générale que ne troublaient point
sans cesse l'explosion farouche des haines sociales et la menace perpétuelle d'une totale désorganisation.

Un des tribuns de la Révolution, vaincu par la
vérité, a célébré, en termes admirables, cette glorieuse histoire. Ecoutez, Messieurs, écoutez cette
page célèbre de Louis Blanc, que je ne me lasse
pas de relire :

« L'Église était le centre de tout. Autour d'elle
à son ombre, s'asseyait l'enfance des industries.
Elle marquait l'heure du travail, elle donnait le
signal du repos. Quand la cloche de N. Dame ou
de St. Merry avait sonné l'Angelus, les métiers
cessaient de battre, l'ouvrage restait suspendu, et
la cité, de bonne heure endormie, attendait, le lendemain que le timbre de l'Abbaye prochaine
annonçât le commencement des travaux du jour.

.   .   .   .

L'esprit de charité avait pénétré au fond de cette

société naïve qui voyait St. Louis venir s'asseoir à côté d'Etienne Boyleau, quand le prévôt des marchands rendait la justice. Sans doute, on ne connaissait pas alors cette fébrile ardeur du gain qui enfante quelquefois des prodiges. et l'industrie n'avait point cet éclat, cette puissance qui aujourd'hui éblouissent, mais, du moins, la vie du travailleur n'était pas troublée par d'amères jalousies, par le besoin de hair son semblable, par l'impitoyable désir de le ruiner en le dépassant. »

Et maintenant, Messieurs, ramenez vos regards sur la civilisation de votre temps. Cet homme, qui vous était apparu transfiguré par le reflet de sa céleste origine, et relevant vers le Ciel son front courbé par la fatigue, pour y chercher, dans l'espérance, le courage et la consolation, cet ouvrier que vous aviez vu soutenu dans son labeur quotidien par le bras maternel de l'Eglise, et retrouvant dans la joie du repos hebdomadaire le sentiment de sa liberté, cet artisan dont la corporation défendait les droits, préservait la vieillesse et assurait l'avenir, en garantissant sa capacité, le voilà ! Il est seul, seul au milieu de la foule de ses compagnons, sans une institution qui le protège, incertain de son len-

demain, riche une heure si son bras est robuste
et l'ouvrage abondant, misérable l'instant d'après
si la maladie le saisit, si quelque accident le
terrasse, ou si l'âge le touche de sa flétrissure !
L'Eglise qui fut sa mère est pour lui sans puissance : les chefs des nations ont repoussé ses lois,
croyant qu'elles secouaient un joug et lui, séduit
par leur exemple, il a rejeté sa tutelle, croyant
qu'il s'émancipait ; les hommes lui ont dit qu'il
était libre et l'ont couronné d'une royauté men-
teuse, et lui, dans l'éblouissement de l'orgueil
un moment satisfait, il a renié le nom qui affran-
chissait son âme et qui lui promettait une couronne éternelle. *(Bravos prolongés.)*

Il en porte un autre, stigmate de sa destinée ;
c'est le prolétaire, celui qui n'a ni foyer, ni lendemain assurés.

La foi est morte dans son cœur ; on l'y a tuée,
par l'éducation, par l'exemple, par le livre, par le
journal, par les excitations de toute espèce. Entre
le prêtre et lui on a élevé la barrière de la mé-
fiance et de la haine ! On lui a désappris le chemin
de l'église ; il n'y va plus chercher, dans l'éclat des
pieuses cérémonies, le délassement de son esprit

et de son âme ; son regard ne monte plus vers le ciel, et sur l'horizon borné de la fosse où il descend, de l'usine où il s'enferme, il n'entend autour de lui que les aspirations de la terre *(Applaudissements.)* Le repos du septième jour ne lui appartient plus, et celui qu'il va chercher dans l'orgie du lendemain ne lui donne qu'une fatigue nouvelle ! Le son joyeux de la cloche sacrée ne mesure plus l'effort de son bras. Ce n'est plus un homme, c'est l'instrument de la production, et le travail lui-même n'est plus l'austère, mais fécond emploi de son activité, c'est une marchandise qu'il vend pour vivre au prix qu'il en trouve. *(Vifs applaudissements.)*

Sa femme, son enfant sont entraînés avec lui dans ce marchandage des corps et l'édifice sacré de la famille s'écroule dans une fatale désorganisation ! Son maître, oublieux comme lui de la loi divine est livré à la passion du gain et à l'emportement des instincts matériels. Entre ces deux hommes que la volonté de Dieu avait associés pour une œuvre commune, il n'y a plus de lien moral et permanent. Ce sont deux étrangers dont les intérêts sont contraires, partant deux ennemis. La guerre est entre eux, ardente, sauvage, meurtrière. Entre les maîtres eux mêmes, la lutte pour la richesse est engagée sans trêve ni merci. La nécessité d'une concurrence sans limites engendre une surproduction effrénée qui aboutit périodiquement à des crises formidables, et chacune de ces crises jette dans la misère des milliers d'êtres humains.

La spéculation financière a envahi toutes les branches du travail, et dans ces immenses exploitations industrielles où le capital anonyme, sans patrie, sans responsabilité directe, tient la place du maître, l'homme disparaît vaincu, écrasé par la matière. *(Longs applaudissements.)*

Le paupérisme se répand comme une plaie chaque jour plus hideuse, et le luxe grandissant n'est qu'un decor dressé par la civilisation moderne, derrière lequel se cache une misère affreuse, que l'Eglise privée de ses biens et de ses institutions charitables ne peut plus secourir, et que la société civile impuissante est incapable de conjurer.

Messieurs, je ne bornerai pas à des affirmations ce lamentable tableau. Les preuves abondent : je ne puis pas les multiplier à l'excès ; j'en ferai cependant passer quelques unes sous vos yeux.

En France, de nos jours, malgré la loi qui fixe
la durée du travail à 12 heures, les journées de 13,
15, quelquefois 18 heures, 20 et 24 heures, ne
sont pas sans exemple; dans les tissages méca-
niques de l'Ain et de Saône et Loire on travaille
13 heures, dans les tissages de coton des Vosges,
14 heures, ailleurs, jusqu'à 16; parfois même
l'ouvrier passe la nuit complète du samedi : il se
retire le dimanche matin, après avoir travaillé
24 heures consécutives. Dans le moulinage de
l'Ardèche, de malheureux enfants travaillent
depuis 4 heures du matin jusqu'à 7 h. 1/2 du soir;
dans les filatures de laine de Fourmies, Anor et
Trelon, 14 et 18 La loi de 1848 qui règle la durée
des heures du travail est lettre morte. Ce sont
les faits qui ressortent des documents annexés
au rapport présenté par M. Pàris au Sénat et les
propres déclarations faites par M. Claude, qui est
lui même un industriel important.

Un journal qui professe, en matière économique
des idées très libérales, l'*Économiste français*, qui
est dirigé par un homme éminent, M. Leroy-
Beaulieu, décrivant l'état des logements ouvriers
à Paris s'exprime ainsi :

« Des familles se trouvent entassées dans une chambre glaciale en hiver, humide en été, qui dans bien des cas ne prend jour que sur un escalier fétide ou une cour saturée de miasmes : les dernières statistiques établissent qu'il existe à Paris 3000 logements d'indigents qui n'ont ni poêle ni cheminée, et 5000 qui ne sont éclairés que par une tabatière. . . . .

En même temps que la population de Paris s'accroissait en 7 ans de 15 %, la population des garnis augmentait de plus de 80 %, et ceci alors que le nombre des garnis ne s'accroissait que de 20 %. . . . .

De là, ces caves, ces taudis dans lesquels est entassée ou plutôt enfouie toute une population d'ouvriers, de femmes, d'enfants.» *(Profonde sensation).* Et dans une autre publication du même esprit, de la même école, le *Journal des Économistes,* M. A. Mangin citant les écrits de M. Othenin d'Haussonville sur la misère à Paris, les rapports de M. Jules Simon à l'Académie des sciences morales et politiques, les travaux de MM. les docteurs du Mesnil et Trélat, constate que tous ont dénoncé comme un péril public et comme une honte pour notre civilisation, l'insuffisance et l'insalubrité des logements, « où grouille dans une malpropreté et dans une promiscuité hideuses, la population misérable de Paris. »

En Russie, un rapport de M. Janjoul, inspecteur du département du commerce et des manufactures, sur la situation des ouvriers dans les districts de Moscou et de Vladimir fait connaître des faits monstrueux : 8112 enfants de 9 à 14 ans employés dans les 180 usines qu'il a visitées ; des enfants de 10 ans travaillant jusqu'à 13 et 18 heures ; la journée de l'ouvrier, sans distinction de sexe, poussée jusqu'à 15, 16 et 18 heures ; les ouvriers dormant dans les ateliers, couchés pêle mêle à côté des étuves imprégnées d'émanations malsaines. (*Vive sensation.*) Il fait la description d'un passage étroit qu'il a vu dans une de ces usines, régnant entre une infinité de roues dentées où les ouvriers doivent nécessairement passer par centaines ; à chaque pas, c'est pour eux une menace de mort. Le contre-maître interrogé répond qu'ordinairement on se sert d'étuis pour couvrir les machines, mais qu'ils sont endommagés et qu'on n'a pas eu le temps de les réparer. (*Nouvelle sensation.*)

En Autriche, la *Revue Autrichienne*, donne la monographie de 111 fabriques de l'industrie textile, particulièrement en Basse Autriche et en Moravie ; elle parle de femmes enfermées dans des séchoirs où la température est de 40° Réaumur, travaillant de 6 heures du matin à 10 heures du soir et même à minuit.

A Pernitz, le travail est très souven poussé jusqu'à minuit.

A Piesting, les femmes enceintes travaillent jusqu'à leur accouchement. Le règlement prescrit aux ouvriers de faire leur dîner de midi *pendant le travail*.

A Brunn, dans les fabriques de lainages, on travaille de 5 h. du matin à 8 heures du soir avec un repos d'une heure. Dans une fabrique de tissus on travaille 12 et 18 heures, les fileurs dorment dans la fabrique sur de vieux sacs de laine ; dans une autre, on travaille 114 heures par semaine, soit plus de 16 h. par jour.

La même revue a publié de récents travaux de M. l'abbé Eichhorn, sur le misérable état de la population ouvrière dans les faubourgs de Vienne, à Florisdorf, à Gross-Tedlersdorf, à Neu-Léopoldau ; ce sont des détails à faire frémir : des centaines d'enfants grandissant en dehors de toute surveillance des parents, le père et la mère retenus toute la journée à la fabrique, quelquefois 18 h. par jour, des écoliers vêtus de loques au plus fort de l'hiver, à peine nourris, dégradés dès le plus jeune âge, tout ce monde vivant dans une immoralité dont je ne puis même pas essayer la description.

En Bavière, 14, 16 h. de travail sont habituelles : l'excès du travail est signalé par les rapports officiels comme la cause de la grande mortalité qui règne dans la classe ouvrière.

En Angleterre, M. Gladstone disait déjà en 1843 à la Chambre des communes : « C'est un caractère des plus tristes de l'état social de notre pays que l'augmentation constante des richesses des classes plus élevées et l'accumulation du capital soient accompagnés d'une diminution dans la puissance de consommation du peuple et d'une plus grande somme de privations et de souffrances dans les classes pauvres. » En 1866, le docteur Hunter parlait des conditions affreuses où sont logées plus de 200,000 personnes; en 1871, M. Henry

Fawcett constatait que le mal était encore aggravé : il parlait des impasses et des cours étroites, des huttes où un gentleman n'oserait pas mettre ses chevaux et ses chiens, il citait les témoignages d'inspecteurs des commissions sanitaires. Mais, voici une brochure plus récente : *the bitter cry of outcast London*, le cri amer des parias de Londres.

« Ceux qui liront ces lignes, dit-elle, pourront à peine se faire une idée de ces réduits empestés dans lesquels sont entassés des dizaines de milliers d'êtres humains... il faut traverser des cours saturées d'émanations fétides, dans lesquelles ne pénètre jamais un rayon de soleil ni un courant d'air frais, chercher son chemin par des corridors obscurs, couverts de vermine, monter des escaliers en ruine et si l'on ne se laisse pas repousser par ces odeurs insupportables, on arrive enfin dans des trous où sont entassés des milliers d'êtres humains, pour lesquels Jésus-Christ est mort comme pour nous. (*Vifs applaudissements.*)

Un inspecteur a découvert dans une cave une famille, père, mère, trois enfants et quatre cochons. Un autre, un homme malade de la petite vérole, sa femme qui relevait de ses huitièmes

couches et les sept enfants demi-nus. (*Profonde
sensation.*) »

Vous comprendrez certainement quel sentiment
de réserve me commande de ne pas pousser ce
lugubre examen jusque dans le pays qui me donne
aujourd'hui l'hospitalité. D'ailleurs, je me hâte de
le dire, au milieu du grand développement industriel de votre pays, les habitudes religieuses encore conservées, le respect pour la loi divine,
paraissent vous avoir préservés jusqu'ici des excès
que l'impiété enfante dans d'autres pays. Et pour-
tant, j'ose vous le dire, faites vous mêmes cet
examen et je ne suis pas sûr que votre conscience
en sorte sans trouble.

Messieurs, mon intention n'est pas d'ouvrir ici
un débat économique, ce n'est pas le but que je me
propose ; j'ai voulu constater le mal et j'en ai
découvert trois causes principales, la destruction
de la foi et le mépris de la loi divine qui a engen-
dré les haines sociales et les abus de la force, la
spoliation de l'Église qui a tari la distribution de la
charité, et enfin le brusque renversement d'une
organisation industrielle, que rien n'a remplacée,
qui a créé l'antagonisme entre les maîtres et les
ouvriers.

Quant au mal en lui-même, je ne crois pas qu'on puisse en nier l'existence. Les économistes attachés aux doctrines libérales ne l'ont pas contesté. M. Leroy Beaulieu dont l'autorité est reconnue de tout le monde l'appelle un mal « peut être temporaire, » qui tient à la rapide transformation des conditions économiques.

Un autre écrivain, non moins autorisé, que vous connaissez bien, car il est, je crois, votre compatriote, M. de Molinari fait des déclarations semblables dans un livre récent et particulièrement intéressant, l'*Evolution économique* :

« Nous sommes, dit-il, dans un moment intéressant, où la grande industrie s'élève sur les ruines de sa devancière, non sans causer des désastres et des ruines, mais par une évolution irrésistible,.... qui n'est qu'à son début. »

Il reconnaît « qu'après la chute des institutions et des coutumes qui intéressaient le maître à la bonne conservation de l'ouvrier et qui l'empêchaient dans une certaine mesure d'abuser de ses forces, il s'est produit une tendance générale à exiger de l'ouvrier un maximum de travail dépassant ses forces, en échange d'un minimum de subsistances, trop souvent insuffisant pour les réparer. »

Il avoue que : « La multitude qui vit de son labeur quotidien a commencé par souffrir plus des changements occasionnés par le nouvel ordre de choses qu'elle n'en a profité. » Messieurs, Je m'explique assurément que des hommes qui veulent envisager ces questions dans la paix de leur cabinet de travail et au simple point de vue de l'observation scientifique puissent trouver le moment intéressant et exhorter à la patience ceux qui traversent cette irrésistible évolution. Je m'explique cet état d'esprit, mais je ne m'y sens pas porté.

Quand je songe que derrière ces mots de froide analyse il y a des ruines et des souffrances accumulées, que l'enjeu de cette évolution i..évitable, ce sont des vies humaines, et que chacune de ces crises, de ces catastrophes financières, entraine une effroyable misère pour des milliers d'hommes, de femmes et d'enfants; quand je songe que l'essor indéfini de la production et l'accroissement des richesses pour quelques uns, rencontrent comme correctif cette détresse, cette incertitude du lendemain , cet anéantissement du foyer et de la famille, et cette dégradation de l'enfance, qui sont le partage du plus grand nombre, quand je songe enfin que ceux-là sont cependant des hommes comme nous, sortis de la même origine, créés pour la même fin, animés comme nous d'une âme immortelle, quand ces images se pressent devant mes yeux, mon cœur se serre, ma conscience se trouble, et je me demande s'il est possible que des catholiques, que des chrétiens acceptent froide ment un pareil état social. Je ne le crois pas, je ne m'y résoudrai jamais. *(Acclamations prolongées.)*

Car, enfin, dites-moi, si, par notre indifférence, nous contractons une complicité dans ce grand désordre, dites-moi ce que nous aurons à répondre quand au sein de ces foules de déshérités, des voix se lèveront qui leur montreront, en face d'elles, pour exciter leur convoitise, le luxe, la jouissance, le plaisir et tous les privilèges de la richesse et qui, adressant un appel énergique aux passions matérielles de ces hommes déchus de leurs aspirations surnaturelles, allumeront dans leurs âmes l'ardeur des haines sociales et le feu des appétits sauvages? Qu'aurons-nous à répondre quand le socialisme se dressera au milieu de ces misérables, leur jetant des paroles enflammées, dénonçant avec sa logique impitoyable les injustices scandaleuses du régime actuel, montrant du doigt avec le langage passionné d'un Lassalle, « les entrepreneurs et les spéculateurs qui jouent sur le dos des travailleurs comme sur un tapis vert à ce jeu de hasard qu'on appelle la production, » opposant aux misères de l'individualisme, les séduisantes chimères du collectivisme? et si un jour vient où les hommes qui complotent dans l'ombre la désorganisation sociale, entraînent par l'appât de je ne sais quelle délivrance chimérique, ces malheureux saisis par le vertige de la misère, s'ils les enlacent, par l'attrait de l'appui mutuel, dans les chaînes de leurs associations secrètes, s'ils les conduisent aux luttes violentes de la grève, ou peut-être aux combats sanglants de l'émeute, je vous le demande, qu'aurons-nous à répondre?

L'autorité! Mais on a détruit, dans ces cœurs, avec la croyance en Dieu, le fondement qui la supporte!

Le respect des lois et des propriétés! Mais on a

appris à ce peuple le mépris de la plus antique et de la plus sainte de toutes les lois, le mépris de la loi divine! On lui a donné l'exemple de la plus odieuse, de la plus injuste des spoliations, la spoliation de l'Eglise! *(Applaudissements.)*

La résignation! Mais on a arraché de ces demeures, l'image du Divin crucifié, qui montrait aux malheureux, abimés dans la souffrance, son front sanglant et ses membres déchirés comme pour leur dire : j'ai souffert plus que toi et je te garde, maintenant, pour prix de tes douleurs, une place à mes côtés, au sein de ma gloire éternelle !! *(Acclamations, bravos et applaudissement répétés.)*

Quoi! on a détruit toutes les barrières, renversé toutes les digues, et l'on s'étonnerait de voir la tempête se déchaîner et le flot se précipiter!

On a proclamé la loi de la richesse, on a fait de l'intérêt et de la jouissance le terme de la vie et la règle du travail, et on s'étonnerait de voir ceux qui n'ont rien y prétendre à leur tour!

Non! non! cela n'est pas permis : c'est la parole de Mgr. Mermillod à Ste-Clotilde : « Vous m'avez ôté le ciel, et vous m'avez promis la terre! Je veux la posséder! » C'est la logique de la Révolution!

Qui donc pourra lui barrer la route?

Est-ce la force, enfin?

Ah! Messieurs! la force, je l'ai vue faire son œuvre terrible! J'ai vu la société écraser, dans une impitoyable répression, la plus barbare des révoltes! J'ai vu ces violences et ces désespoirs inoubliables, et ce jour-là j'ai compris pour toujours, que si la force peut être l'implacable nécessité d'un moment, bien loin d'être jamais une solution, elle ne fait que creuser plus profondément le gouffre des passions! *(Longues acclamations.)*

La force, Messieurs, Dieu vous garde de ce redoutable devoir! Mais qu'il vous garde surtout de vous y attacher comme à une suffisante et durable barrière!

Et si les barrières morales sont détruites, et si la force est impuissante, n'y a-t-il donc plus rien?

Parvenu là, au terme de la route que je m'étais proposée, éperdu de ces menaces, effrayé de ma faiblesse, il semble que je n'aie plus qu'à courber la tête devant d'inévitables catastrophes! Je l'avoue, on dirait que Dieu, lui-même, las d'être outragé, se détourne de nos sociétés vieillies, et qu'il veut permettre à l'injustice de préparer à loisir le règne de la violence.

Messieurs, laissez-moi le dire, quelqu'ardente que ma parole puisse vous paraître : si la classe élevée, celle à qui Dieu a imposé, par la fortune, par le rang, par l'éducation, un devoir et une charge dans la société, si la classe élevée ne devait jamais s'arracher à l'égoïsme et à l'indifférence, si par une insousciance qui n'amoindrit pas sa responsabilité, elle devait toujours, en fermant les oreilles aux avertissements et les yeux aux réformes nécessaires, favoriser inconsciemment le développement des haines sociales ; si la jeunesse, enfin, au lieu de s'étioler dans des plaisirs, indignes d'une société chrétienne, ne devait pas un jour s'élancer au devant du péril pour sauver la nation, oui, il faudrait désespérer de l'avenir.

Mais c'est un arrêt que je n'accepte pas, que je n'accepterai jamais, tant qu'il y aura dans le monde des enfants de l'Eglise, debout pour la servir et pour payer d'exemple. *(Applaudissements prolongés.)*

C'est à eux que je parle : c'est à eux qu'en arrivant aux derniers mots de ce discours, j'adresse un appel où je voudrais faire passer toute l'énergie de mon âme et de ma conviction.

Je me souviens d'un mot de l'un de vos plus illustres compatriotes, du baron de Gerlache, s'écriant, après avoir contemplé ce terrible problème des inégalités sociales : « la Providence est-elle donc endormie ! Non, c'est vous qui dormez ! »

Il y a, Messieurs, des sommeils qui sont des crimes ; l'histoire en garde le souvenir et la justice humaine ne pardonne pas à la sentinelle endormie qui laisse passer l'ennemi. *(Bravos répétés.)*

Quoi qu'on fasse pour s'étourdir et se tromper, l'alarme est donnée, la question sociale est posée dans le monde entier : elle est posée par la faillite morale et matérielle de la Révolution qui l'a ouverte, et dont le siècle qui l'a vu naître, en s'acheminant vers son déclin, retourne contre elle les principes destructeurs. Le vide creusé dans l'âme populaire par l'écroulement de ses vieilles croyances est ouvert comme une plaie toujours vive, que la tentation inassouvie des jouissances matérielles ne fait qu'irriter : l'organisation industrielle et sociale, précipitée en un jour, au moment même où s'opérait la plus grande transformation économique que les siècles aient connue, a laissé, en tombant, une place toujours béante, et le monde du travail, fatigué du désordre, las de l'individualisme qui le dévore, aspire vers un ordre qui le sauve de l'anarchie.

La faiblesse opprimée, la pauvreté croissante se tournent en suppliantes vers la société laïque et lui demandent l'appui que leur offrait jadis la main de l'Eglise.

C'est partout la plainte et la souffrance, sans cesse exaspérées par la voix du socialisme, impitoyable dans ses critiques, impuissant dans ses remèdes.

Les Gouvernements s'émeuvent! Le chancelier de fer, au sommet de sa puissance, appelle à son aide toutes les forces de l'Etat pour disputer l'Allemagne au péril social : l'Autriche relève d'une main timide et mal assurée les corps d'artisans et prépare lentement des lois protectrices : L'Angleterre effrayée du paupérisme qui la ronge invoque, pour y mettre un terme, la Couronne et le Parlement; la France se débat éperdue entre la menace et l'impuissance et, de son sein, des voix s'élèvent, parties des extrémités les plus opposées, pour conjurer la haine et l'antagonisme de reculer enfin devant l'intérêt national, les maîtres et les ouvriers de s'unir dans la paix, les pouvoirs publics de limiter le travail, de refréner la spéculation, de garantir la vieillesse et la vie des enfants du peuple, de lui rendre même, sous quelque forme laïque, ce repos du septième jour, dont les hommes n'ont jamais su ni pénétrer le mystère ni se passer impunément ! (*Applaudissements.*)

Les querelles politiques ne suffisent plus à occuper les peuples ; les luttes religieuses ne serviront plus bientôt à les tromper ; la lutte sociale est la fatalité du monde. Et, seule, l'Eglise est prête à y faire face. Seule elle porte dans son sein la foi qui relève et qui console, la foi qui éteint les désespoirs et qui fortifie les âmes ! Seule elle apporte aux hommes dans la fraternité chrétienne le secret de la paix et le ferment des institutions communes. Seule elle garde les lois de la justice qui donnent aux grands la mesure de leur force, aux faibles la garantie de leurs droits. Seule elle possède les trésors de la charité qui subvient aux souffrances et prévient la misère. Seule, ainsi, elle peut inspirer la triple réforme d'où dépend le salut social : l'éducation qui forme les âmes ; l'organisation qui rapproche les intérêts ; la législation qui protège la faiblesse. (*Longs applaudissements.*)

Ainsi toute réforme sociale vient de Dieu, et ceux-là seuls peuvent l'accomplir qui se confient dans ses lois.

Le maître illustre qui a fait, si longtemps, l'honneur de cette université, en jetant par ses leçons et ses écrits les fondements de l'économie chrétienne, M. Charles Périn, dont je me félicite de pouvoir saluer ici comme un ami, presque comme un compatriote, le successeur éminent. (*Applaudissements.*) M. Charles Périn l'a dit en termes éloquents :

« Les hommes chercheront en vain la stabilité s'ils ne la demandent à Dieu... Législation révolutionnaire, économie révolutionnaire, mœurs révolutionnaires, toutes choses perpétuellement agitées, instables et précaires. Si Dieu n'est rendu à nos sociétés elles s'useront et périront dans les convulsions de l'activité inquiète et maladive qui les dévore. »

C'est la paraphrase du dernier mot de Louis Veuillot dans la préface des Libres-Penseurs :

« Si Dieu ne répond pas au problème social, rien n'y répond assez ! »

Messieurs! qui donnera la réponse de Dieu à
cette société troublée? Qui? si ce ne sont les
catholiques? Et qui, parmi les catholiques, prendra
l'initiative de ce grand mouvement, si ce ne sont
les jeunes gens?

Il y a un demi siècle que Frédéric Ozanam, dans
l'ardeur de sa vingtième année, écrivait ces paroles
prophétiques :

« Il y a beaucoup d'hommes qui ont trop et qui
veulent avoir encore : il y en a beaucoup plus
d'autres qui n'ont pas assez, qui n'ont rien, et qui
veulent prendre si on ne leur donne pas. Entre
ces deux classes d'hommes une lutte se prépare,
et cette lutte menace d'être terrible : d'un côté la
puissance de l'or, de l'autre la puissance du
désespoir. Entre ces armées ennemies, il faudrait
nous précipiter sinon pour empêcher, au moins
pour amortir le choc. Et notre âge de jeunes gens
nous rend plus facile ce rôle de médiateurs que
notre titre de chrétiens nous rend obligatoire.
(*Longs applaudissements.*) »

A cinquante années d'intervalle, je vous répète
le cri d'Ozanam! Il le jetait au nom de la charité :
je le jette à mon tour au nom de la justice. Le

socialiste Bakounine a donné aux siens ce cri de ralliement qui a remué profondément les âmes : « Allons au peuple ! » C'est à nous de le répéter pour nous mêmes !

Allons au peuple, Messieurs ! c'est l'œuvre du siècle à venir. Allons au peuple, quittons les sentiers battus où se traînent les conventions de la politique et les préjugés du monde ! (*Bravos et applaudissements.*) C'est dans son sein que s'agiteront désormais les grandes questions de notre temps ! Allons à l'ouvrier, pour le connaître, pour l'aimer. (*Acclamations et applaudissements répétés.*) Allons à lui pour savoir ce qu'il souffre et ce qu'il demande : nous ne le savons pas assez, nous ne le voyons qu'à travers ses égarements et cependant, exploité par ceux qui le flattent, opprimé par la fausse liberté qui l'écrase, déshérité par l'impiété qui l'avilit, il est là, dans son lamentable isolement, sans autre force que la violence, sans autre appui que la révolte, victime de ses propres emportements et cherchant en vain des amis qui le servent au lieu de se servir de lui ! (*Vives acclamations.*)

Soyez ces hommes ! c'est la gloire que je vous propose.

J'aurais pu vous offrir d'autres luttes et peut-
être, en effet, dans votre Belgique, moins livrée
jusqu'ici que les autres nations aux discordes
sociales, mon langage vous paraîtra-t-il porter
avec lui quelque excès!

Je ne regrette pas cependant les perspectives
que j'ai voulu vous ouvrir, et ce n'est pas seulement parce que votre pays, si industriel, est au
premier rang parmi ceux qu'intéressent les réformes sociales, c'est aussi, c'est plus encore, je
vous l'ai dit en vous abordant, parce que vous
êtes ici dans une des places fortes de l'Eglise, et
qu'ainsi toute action catholique doit chercher un
point d'appui sous ces Halles antiques où tant
d'illustres générations ont marqué leurs pas.
(*Longs applaudissements.*)

En dépit des outrages et des épreuves, les
catholiques tiennent aujourd'hui dans le mouvement des nations européennes une place chaque
jour grandissante ; et les violences contre la
liberté de l'Eglise, les attentats contre l'éducation
chrétienne, le désordre social enfin soulevé par
les questions ouvrières, ont déterminé le triple
terrain où s'exerce leurs revendications.

En Allemagne, le parti du Centre est devenu l'arbitre des discussions parlementaires : fort de sa cohésion puissante, appuyé sur les associations ouvrières multipliées de toutes parts, il oppose aux persécutions du Culturkampf l'invincible barrière de ses résistances, aux menaces du socialisme les lois protectrices de la faiblesse, à l'omnipotence de l'Etat et au programme collectiviste l'organisation du travail et des professions sociales.

En France, au milieu des abaissements qu'inflige à la fille aînée de l'Eglise la révolution triomphante, les catholiques n'ont point courbé la tête, et voici que, vaincus sur bien des champs de bataille, réduits à protester contre la persécution de l'Eglise, défendant pied à pied contre la franc-maçonnerie victorieuse l'âme de leurs enfants, ils prennent l'offensive sur le terrain social, revendiquant, au nom de la justice et de la charité, les droits des ouvriers, dressant, en face des ruines de l'individualisme, les fondements d'un régime corporatif nouveau, et couvrant déjà leur pays d'un mouvement d'idées et de faits qui les emporte eux-mêmes au-delà de leurs espérances.

Les catholiques de Belgique ont fait mieux. Ils ont vaincu et leur victoire a retenti comme un signe d'espérance et comme un exemple fécond. Portés ainsi, d'un seul coup, jusqu'à l'avant garde, ils ont dans l'armée de l'Europe catholique, une place éminente et un rôle glorieux; c'est à eux de marcher les premiers dans la lutte engagée contre la Révolution. Tournés vers le siège de Pierre, d'où descend toute vérité, ils répondront à la voix de ce grand Pontife dont le cœur a gardé pour leur patrie de si anciennes et si durables tendresses, (*Acclamations et applaudissements prolongés*) ils répondront à la voix de Léon XIII, dénonçant au monde le péril du socialisme et de la franc-maçonnerie, et lui montrant, du même coup, le moyen de le conjurer, dans le respect de la loi divine, dans la protection des artisans et dans les associations fondées sous la main de l'Église.

La parole du Pape ne tombera pas en vain sur cette terre de Belgique d'où sont sortis tant de glorieux soldats de l'Église et de la civilisation, qui, jadis, donnait au monde chrétien ce Godefroid de Bouillon, salué comme le chef suprême des nations et des langues réunies sous le drapeau de la croix, et qui, dans notre temps, se souvenant des luttes gigantesques du passé, les a renouvelées contre la franc-maçonnerie dans un combat à jamais mémorable. Vainqueurs dans cette première rencontre, vous ne bornerez pas là vos ambitions.

Plus heureux que vos frères de France, vous êtes à l'abri des discordes politiques, et, fortement unis dans votre fidélité au pouvoir légitime, (*Applaudissements*) vous pouvez, libres d'un souci qui épuise nos forces, maintenir étroitement cette union féconde, pour le service de l'Eglise et de la patrie.

Gardez, Messieurs, gardez avec un soin jaloux ce bienfait de l'union, c'est par elle que vous avez vaincu, c'est par elle que vous vaincrez encore, et que, dirigés par vos Evêques, vous aiderez par votre exemple, par vos travaux, et par vos œuvres, les catholiques des autres nations à trouver la solution du problème redoutable dont le monde est ébranlé. (*Tonnerre d'applaudissements, acclamations prolongées.*)

Les applaudissements ont souvent interrompu ce splendide discours et une formidable ovation fut faite à l'éminent orateur en descendant de cette tribune du haut de laquelle il nous avait tenus, pendant près d'une heure et demie, sous le charme irrésistible de son éloquence.

Monseigneur Pieraerts prit alors la parole :

MESDAMES, MESSIEURS,

Je cède à d'augustes volontés en me faisant, comme Recteur de l'Université, l'humble organe de la reconnaissance de tous.

Monsieur le Comte, vous avez fait naitre dans nos âmes l'émotion de la grande éloquence. Sous le souffle de vos chaudes paroles, nos cœurs ont vibré.

Vous êtes en vérité l'homme de bien, le chrétien d'élite, le lutteur que le Souverain Pontife, Notre S. P. le Pape Léon XIII appelait naguère le vaillant capitaine et le grand député français. (*Applaudissements prolongés*).

Mais vous avez fait naitre autre chose encore en nous, vous y avez éveillé de viriles résolutions.

Oui nous irons au peuple! nous irons à lui avec nos exemples, nos conseils, notre dévouement, notre âme tout entière, et cela pour J.-C., le Dieu des pauvres, le Dieu du peuple, que vous nous avez montré tout-à-l'heure dans son atelier de Nazareth. (*Applaudissements enthousiastes*).

L'évangile nous rappelle qu'un peu de levain suffit pour soulever toute la pâte; et de même il suffit parfois de quelques hommes pour soulever tout un peuple.

Qui sait, Monsieur le Comte, si votre parole devant cette généreuse jeunesse, « sentinelle debout et qui ne laissera pas passer l'ennemi, » qui sait si cette conférence ne sera pas le point de départ d'un vaste mouvement fécond en œuvres qui attireront les bénédictions de Dieu sur l'Université catholique et sur cette Patrie Belge, à laquelle, Monsieur le Comte, vous appartenez en quelque sorte, par votre lien de famille avec la très noble maison d'Ursel dont nous saluons ici parmi nous le chef aimé et respecté. (*Acclamations*).

Puissent mes prévisions et mes vœux se réaliser pleinement! C'est le seul résultat, Monsieur le

Comte, qu'ambitionne votre cœur chrétien, et ce
sera pour nous le meilleur moyen de vous remercier et, si c'est possible, de vous récompenser.
(*Applaudissements et acclamations*).

Toute la salle est debout et c'est pendant
qu'éclatent de frénétiques acclamations que
Mgr ·Pieraerts s'avance vers le comte
de Mun et lui donne l'accolade. L'animation
est indescriptible et la séance est levée au
milieu d'une explosion générale d'enthousiasme.

Après la conférence, M. de Mun est
retourné dans les salons de M. Jacops pour
y recevoir les félicitations de NN. SS. les
Évêques et du corps professoral. A sa sortie
du Collège du Pape, la jeunesse universi-
taire l'attendait pour lui témoigner à sa
manière l'impression qu'il avait produite.
A peine M. de Mun fut-il entré dans sa
voiture, accompagné de Mgr Cartuyvels

et de M. Brants, que les Étudiants déte-
lèrent les chevaux et entraînèrent joyeuse-
ment la calèche dans la direction de la rue
de Namur. En face des Halles, Mgr Cartuyvels qui, penché à la portière n'avait
cessé d'exhorter les manifestants à modérer
« l'entraînement » de leur enthousiasme,
parvint à faire *stopper* l'équipage. M. de
Mun put descendre et, entrant aux Halles
sous prétexte de visiter la bibliothèque,
s'esquiver par une autre issue et échapper
à ces manifestations qui semblaient ne
pouvoir finir. « Je croyais, disait M. de
Mun, que cela n'arrivait que dans les
livres ! »

A 5 heures, M. de Mun dînait chez
Mgr le Recteur en compagnie de NN. SS.
les Évêques, de M. le duc d'Ursel et de
plusieurs membres du corps professoral et
de la Commission de la *Société générale*.

Cette réception a été de celles que sait si bien faire Mgr Pieraerts, toute d'affabilité, de courtoisie et d'intimité.

Le soir, à 8 h., réception de M. de Mun à la *Société générale des Etudiants*. La salle des fêtes était comble. A son entrée M. de Mun fut reçu par des bravos et des hourras sans fin pendant que la Fanfare des Etudiants faisait entendre l' - Air des Etudiants ¬ de Fr. Riga. Quand le calme se fut rétabli, M. Em. Tibbaut, président de *Société générale*, prit la parole en ces termes :

MONSIEUR LE COMTE,

Ces acclamations qui s'obstinent à ne point finir vous disent assez quel enthousiasme vous soulevez parmi notre jeunesse, et combien elle apprécie le bonheur de pouvoir vous témoigner en ce moment son admiration et sa reconnaissance.

C'est donc pour nous, M. le Comte, que vous

avez daigné quitter votre foyer, vos importants travaux, votre France; c'est à nous que vous apportez cette magnifique parole, dont les échos ont tant de fois retenti par dessus nos frontières, mais qu'aucune sollicitation n'avait pu décider encore à distraire quelque journée au temps précieux que vous consacrez au relèvement de votre patrie! Ah! M. le Comte, comment pourrions-nous assez vous remercier d'un tel honneur! Et que nous sommes heureux d'avoir vu tout-à-l'heure nos Evêques, entourés de nos élus politiques, apporter au moins à votre parole une élite d'auditeurs, dignes de la recueillir et de la faire fructifier!

Sous le charme des sentiments que vous réveillez si puissamment dans les cœurs, il nous est doux de saluer en vous l'apôtre infatigable d'une idée sociale, sur laquelle repose la paix de l'avenir; mais plus encore sommes-nous ravis d'applaudir le défenseur de toutes les nobles causes, surtout de ces trois causes trahies par la fortune : La foi, le roi, la patrie ! (*Acclamations.*)

Vous savez les défendre l'épée à la main; vous les défendez tous les jours par votre parole, qui vaut mieux qu'une épée ! (*Applaudissements.*)

Sur toutes les brèches assaillies par la révolution, on vous retrouve avec le même courage, la
même abnégation, la même ardeur, vrai chevalier
sans peur et *sans reproche!* La mâle énergie du
soldat, qui s'allie en vous à l'élan chaleureux d'un
cœur toujours jeune, l'appui que vous prêtez à
toutes les faiblesses opprimées, vous assurent aux
yeux de la jeunesse de tous les pays, le prestige
d'une popularité, unique dans son genre, où l'admiration le cède encore à la sympathie. (*Applaudissements.*)

Que de fois nous vous avons acclamé de loin,
lorsque du haut de la tribune vous éleviez une
de ces protestations éloquentes, qui soulagent la
conscience publique, et font trembler l'impiété
jusque dans son insolent triomphe! Que de fois
nous avons uni l'hommage de notre admiration à
celui que vous décernait votre pays, lorsque vous
vengiez le droit et la justice des brutalités de la
force! Et combien notre jeunesse et notre foi
s'éprenaient d'enthousiasme, en trouvant sous la
cuirasse du soldat, le cœur de l'apôtre et la pitié
la plus tendre pour les déshérités de la fortune!
(*Bravos!*)

Pectus est quod disertos facit! Aussi noblement passionné pour les plus saintes causes, il était impossible, M. le Comte, que vous ne fussiez pas éloquent! — Propagateur de la vérité sociale, vous préparez la restauration de la France chrétienne; apôtre des œuvres ouvrières, votre action s'étend à l'Europe entière, menacée de périr dans le désastre du travail; fils dévoué de l'Eglise vous honorez votre mère et vous nous rendez fiers de notre foi! (*Acclamations.*)

Tout-à-l'heure, aux accents de votre voix vibrante et convaincue nous sentions naître en nous, cet entraînement qui vous suit par toute la France. Nous brûlions de nous enrôler à votre suite, dans l'armée volontaire du dévouement social, de devenir comme vous d'humbles et fervents soldats de la cause de Dieu et du peuple qui souffre. Recevez donc le juste tribut de notre gratitude!

L'Université catholique gardera l'impérissable souvenir de cette journée. La *Société Générale des Etudiants* comptera parmi ses meilleurs titres à la reconnaissance, d'avoir eu l'inestimable fortune de faire applaudir le comte de Mun par la Belgique chrétienne. Et mieux que des éloges (qu'il n'est plus permis de vous adresser), nos cœurs, nos résolutions, nos œuvres sauront vous prouver que vous n'avez point en vain dispensé le trésor de votre parole à cette jeunesse chrétienne, à cette terre pleine de vie dont la foi courageuse est faite pour comprendre et servir tous les dévouements. (*Longues acclamations.*)

A ces quelques mots souve   ratifiés par de chaleureux applaudissements, M. de Mun répondit par une de ces improvisations où parle seule l'éloquence du cœur, éloquence qui vous empoigne et vous enivre, splendide écho des sentiments et des aspirations de ce cœur si généreux et si noble :

« Merci, Messieurs, disait-il en terminant, merci de l'accueil que vous m'avez fait et de cette chaleureuse sympathie dont je n'aurais même pû rêver les ardents témoignages. De l'autre côté de votre frontière, quand je me retrouverai au milieu

de cette jeunesse française, l'espoir et
l'avenir de mon pays, je lui dirai ce que
j'ai vu à Louvain, je lui dirai votre enthousiasme pour les saintes causes de la Religion et de la patrie.... Gardez, Messieurs,
gardez toujours dans vos cœurs cet enthousiasme de vos jeunes années : c'est le
levain des grandes actions : c'est l'aliment
de cette jeunesse de l'âme qui défie les
années, et l'ardeur de la foi chrétienne
seule en garde le secret immortel ! »

M. de Mun quittait Louvain par le train
de 8 h. 45 : à la gare une foule d'étudiants
l'attendait pour l'acclamer. Une dernière
fois il les remercia de cet accueil qui l'avait
si profondément touché et quand il leur dit
« Adieu » tous de s'écrier « Non, non » et
M. de Mun de répondre « Eh bien, non
pas adieu, mais au revoir. »

M. de Mun partit, emportant avec lui

le souvenir de cette belle journée si remplie pour lui d'émotions et de joies. Quant à nous, jamais non plus nous n'oublierons ce courageux député, ce grand orateur, qui a bien voulu s'arracher aux multiples occupations qui l'accablent, pour venir exciter notre zèle en faveur de cette question ouvrière à laquelle il se consacre tout entier. Avec nos remercîments que M. de Mun veuille, une fois encore, recevoir l'expression de notre admiration enthousiaste.

Merci à M. le duc d'Ursel, à Mgr Picraerts, à la Commission de la *Société générale*, et à tous ceux à qui nous sommes redevables d'avoir pu applaudir et admirer le vaillant champion de la cause de l'ouvrier.

Désireuse de témoigner une dernière fois sa reconnaissance à Monsieur le Comte de Mun, la *Société générale des Etudiants* de Louvain a envoyé à l'illustre orateur français la lettre suivante :

MONSIEUR LE COMTE,

Nous sommes tous encore sous le coup des profondes émotions que votre mâle éloquence a fait naître dans nos cœurs. L'enthousiasme qui vous a accueilli partout à votre passage à Louvain n'est point une de ces impressions passagères et capricieuses qui changent où s'effacent au premier jour. — Non, Monsieur le Comte, nos sentiments à votre égard ne s'affaibliront jamais parce qu'en vous, nous n'avons pas seulement acclamé l'orateur puissant et sympathique, mais aussi le soldat dévoué de l'Eglise et le champion d'une de ses causes les plus menacées : la cause de l'ordre social.

Quand notre tour sera venu de prendre rang dans les milices du Christ nous évoquerons le souvenir de cette belle journée où prêchant de la parole et de l'exemple vous nous invitiez à prendre un jour notre part dans les rudes combats qui menacent de bouleverser la société tout entière.

Ce pressant appel que vous nous adressiez en terminant votre magnifique discours a trouvé un écho fidèle dans les aspirations de nos âmes.

Vous avez suscité de nos énergies chrétiennes de viriles résolutions qui dans ce moment n'ont pu se traduire qu'en applaudissements enthousiastes, mais qui, nous l'espérons pour notre honneur, se traduiront dans l'avenir en actes de courage et de sacrifices.

En signe de reconnaissance pour tout ce que vous avez fait pour nous, nous vous offrons le tribut de ces résolutions comme étant votre œuvre et la meilleure récompense d'un défenseur de la cause catholique.

Nous vous prions, Monsieur le Comte, d'agréer l'expression de nos sentiments les plus respectueux et les plus distingués.

Au nom de la Commission de la Société générale des Étudiants de Louvain.

Les Secrétaires,   *Le Président,*
M. Vande Walle, Ad. Caffel.   Em. Tibbaut.

Le Trésorier,   *Les Vice-Présidents,*
N. Derroitte.   Art. Limelette, Alp. Verwillighen.

Louvain, 22 février 1885.

Monsieur le Comte de Mun a bien voulu répondre aux Etudiants en ces termes :

Paris, le 28 février 1885.

MESSIEURS,

J'ai reçu, avec une vive reconnaissance, la lettre que la Commission de la *Société générale des Etudiants* de Louvain a bien voulu m'adresser.

Elle a renouvelé, dans mon cœur, les émotions profondes qu'y avait fait naître la journée du 12 février. Je ne veux pas essayer de les retracer ici : la plume ne rend pas les joies qui pénètrent l'âme. Vous avez deviné, j'en suis certain, quand je vous ai dit au revoir, quels sentiments j'emportais de notre trop courte rencontre.

En vous remerciant de ceux que vous m'exprimez aujourd'hui, je veux surtout vous dire combien je suis touché des résolutions dont votre lettre m'apporte les généreuses promesses. La parole, en effet, ne serait qu'un stérile instrument, si elle n'avait pour but et pour résultat de déterminer une action pratique et vigoureuse. C'était l'objet du discours que vous m'avez permis de prononcer devant vous.

Vous l'avez compris et vous avez eu raison de

penser que vous ne pouviez m'offrir un meilleur gage de votre affectueuse sympathie.

L'accueil que vous avez fait, en ma personne, à l'OEuvre et aux idées auxquelles j'ai consacré ma vie, est un puissant encouragement pour tous ceux qui voyent, dans la réforme chrétienne des lois et des institutions, la condition du salut social, et, dans l'initiative des catholiques, le seul moyen de l'assurer.

La reconnaissance dont je suis heureux de vous offrir ici l'expression est donc quelque chose de plus qu'un acte de gratitude personnelle. C'est surtout un témoignage de confiance dans l'avenir.

Veuillez en agréer l'hommage et croire, Messieurs, à tous mes sentiments de cordial et sincère dévouement.

(Signé) A. DE MUN.

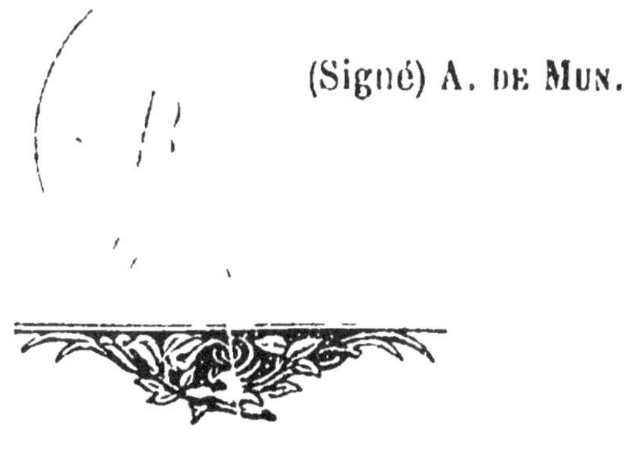